AF249828

CONFÉRENCE DES ATTACHÉS.

ÉTUDES

DE JURISPRUDENCE.

PARIS,

IMPRIMERIE V. GOUPY ET Cᵉ, RUE GARANCIÉRE, 5,

Derrière Saint-Sulpice.

1865.

1866

PRÉSIDENCE DE M. BRIÈRE-VALIGNY,
DOCTEUR EN DROIT, AVOCAT GÉNÉRAL PRÈS LA COUR IMPÉRIALE DE PARIS.

DE L'ACTION CIVILE

RESULTANT D'UN FAIT PUNISSABLE,

PAR JULES FERLET,
DOCTEUR EN DROIT, AVOCAT A LA COUR IMPÉRIALE DE PARIS.

INTRODUCTION.

Naissance, caractères et but des droits d'action publique et d'action civile.

Istæ præfationes, et libentius nos ad lectionem
propositæ materiæ producunt.
(CAIUS, liv. I, *Dig. De Origine Juris.*)

Une infraction à la loi pénale, crime, délit ou contravention, ne trouble pas seulement l'ordre général de la cité, il est bien rare qu'elle n'atteigne pas du même coup quelque intérêt privé. Aussi, dire qu'elle blesse la justice absolue, dire même qu'elle est telle qu'il importe à la conservation ou au bien-être social qu'elle soit réprimée, c'est se tenir dans une trop grande généralité : la jurisprudence pratique, qui a pour texte une loi précise, et pour tâche l'application de cette loi, ne peut se

contenter de formules aussi vagues; et, pour arriver à des
idées plus simples et en même temps bien plus exactes au point
de vue du droit positif, elle a besoin de pénétrer plus avant
dans l'examen des diverses *lésions* de droit et de discerner
leur nature. Or, sans entrer dans de longs détails à ce sujet,
nous croyons que la simple observation que nous venons de
faire en tête de ce travail peut servir à marquer le point sail-
lant dans la ligne de séparation; le délit (dans l'acception
générale du mot) aura le plus souvent blessé deux intérêts :
en premier lieu, et toujours, l'intérêt de la société, dont il a
bravé la défense et mis en défaut la protection; en second
lieu, l'intérêt privé, qui, dans la plupart des cas, souffrira aussi
du mal injustement produit par l'agent. S'il y a une double
lésion, une double réparation est nécessaire : la réparation
publique d'abord, c'est-à-dire l'application d'une peine, et en
infligeant cette peine, en tant qu'elle est nécessaire pour réparer le préjudice social, notamment l'alarme et la tentation
du mauvais exemple, en tant qu'elle est nécessaire pour la
conservation et la défense sociales, enfin en tant que le veut
la notion abstraite du juste, la société satisfait aux conditions
et remplit le but de son droit de punir. Mais, à côté de la réparation publique, sur laquelle nous n'insistons pas, il y a la
réparation privée, c'est-à-dire le payement du dommage
causé par le fait, et remarquons bien ici, ce qui est essentiel,
le caractère de cette seconde partie de l'expiation.

Il est des lésions de droit contre lesquelles il appartient à
chacun de se défendre efficacement par la mise en jeu de ses
ressources individuelles; ainsi, par exemple, j'ai prêté de l'ar-
gent, j'ai donné ma chose en dépôt, j'ai vendu un héritage, et
je me plains que l'emprunteur, le dépositaire, l'acheteur mé-
connaissent la loi du contrat et n'en exécutent pas envers
moi les obligations. La sagacité, même dans une mesure
commune, la prudence, le soin de ses intérêts, la vigilance
ordinaires, dans la vie des affaires, dans la gestion de son

patrimoine et de ses droits privés, vont me suffire en ces oc-
casions pour faire prévaloir ma demande et éloigner de moi
tout préjudice injuste : par le seul emploi de mes facultés,
par ma propre activité, je me sens rassuré contre de semblables éventualités : c'est à moi de rechercher, de coordonner,
de produire mes titres justificatifs, et je n'ai rien de plus à
prétendre si je trouve l'action de la justice à ma disposition
pour contraindre mon adversaire à exécuter ce qu'exigera le
droit que j'aurai révélé : l'affaire est entièrement de droit
civil.

Telle n'est pas la nature de la lésion de droit produite par
le délit, il y a ici quelque chose de plus ; il y a bien, comme
tout-à-l'heure, un préjudice injustement causé, *damnum in-
juria datum*, oui, mais ce préjudice est de ceux à l'égard
desquels les moyens de prévision ou de défense individuelles
sont ordinairement insuffisants : « on m'a frappé, on m'a inju-
« rié, on m'a volé ma chose ; mes titres, on me les a altérés à
« l'aide de faux, je sens mes forces privées impuissantes pour
« me mettre à l'abri de semblables violations de mon droit,
« sur qui compterai-je, si je ne puis compter sur les forces
« collectives de l'association? L'affaire n'est plus ici de droit
« privé seulement ; la société y est intéressée, la société, sous
« la protection de laquelle sont placés les droits de ses mem-
« bres, et qui ne peut souffrir qu'ils soient ainsi impunément
« méconnus, sous peine de voir révoquer en doute son utilité
« même, au moins soupçonner sa faiblesse et l'impuissance
« des pouvoirs publics à garder les intérêts confiés à leur vi-
« gilance (1). »

Combien d'obscurités ultérieures qui disparaîtront à la
clarté de ces principes !

(1) M. Ortolan, *Éléments de droit pénal*, §§ 591 et suiv. — Nous au-
rons plusieurs fois occasion, dans le cours de cette étude, de mettre à
profit la profonde érudition et la pénétrante sagacité de l'éminent pro-
fesseur de la faculté de droit de Paris.

Il s'agit maintenant de faire sortir de cette théorie, avec netteté, avec précision, les conséquences pratiques qui s'y trouvent contenues. Et, comme on juge quelquefois en mathématiques de la vérité ou de la fausseté d'une proposition par les résultats auxquels elle conduit, à ses conséquences on pourra reconnaître si cette théorie est exacte.

Pour obtenir les deux réparations distinctes, la loi met au service des intérêts lésés deux actions différentes : la première, destinée à la société elle-même, c'est l'action publique ; la seconde, donnée aux particuliers, c'est l'action civile, droits également sanctionnateurs, qui, sortant du même fait, confondus dans une source commune, restent encore étroitement liés à deux points de vue principaux : — Premièrement, parce que, comme nous le savons déjà, il importe à la société, dans l'intérêt général de sa conservation ou de son bien-être, non-seulement de décréter une peine, une affliction publique contre le coupable, mais encore de le contraindre au rétablissement du patrimoine de la victime ; elle faillirait à sa loi si elle n'organisait pas l'expiation dans un ensemble de mesures telles qu'elles conduisent à ces deux résultats ; et, envisagée ainsi, l'instance civile, nous le répétons, n'est pas de droit privé seulement. — Secondement, parce que la constatation du délit, au point de vue de la peine méritée, éclaire l'appréciation de ce même délit au point de vue du préjudice occasionné, de sorte que nul n'aura au même degré les éléments nécessaires pour mesurer la réparation que le juge qui mesurera la répression.

Mais, si les deux actions qui sont le fondement d'une poursuite criminelle se complètent ainsi par leur concours, se servent mutuellement d'auxiliaires, peuvent être avec plus de garanties portées devant les mêmes juridictions, elles représentent néanmoins un principe tout différent. Nées de la satisfaction à donner à deux intérêts distincts, elles participent nécessairement du caractère de chacun d'eux, et nous devons, en en recherchant la base scientifique, tracer avec d'autant plus de soin la ligne qui les sépare, que leur confusion avait tellement obscurci les vrais principes, que c'est seulement l'analyse moderne qui est venue dégager les deux formes que la raison assigne à la réparation.

L'action publique et l'action privée sont séparées, en premier lieu, par leur essence même, l'une est l'action de la société, l'autre, l'action de la partie lésée. — En second lieu, elles sont séparées par leur exercice : car, comme ce n'est qu'à la société seule qu'appartient le droit de punir, puisque c'est elle seule qui est garante de la sécurité et des droits de tous, et que la société, être collectif, ne peut agir par elle-même, elle est obligée de déléguer l'exercice de son droit. Les fonctionnaires, quels qu'ils soient, auxquels elle confie son action, n'ont donc pas le pouvoir d'en disposer comme de chose à eux appartenant, et doivent se renfermer, en ce qui la concerne, dans la limite de leur mandat, sous peine de méconnaître la nature de la délégation qui leur est faite. Au contraire, l'action civile entre dans le patrimoine de la partie lésée, qui en devient maîtresse comme de ses autres droits, qui peut, par conséquent, en faire la vente, la cession, la remise, selon les principes du droit commun. — En troisième lieu, l'action publique et l'action civile sont séparées par leur mesure, et c'est ici que se présente la différence essentielle entre le droit civil, quant à l'obligation de réparer le préjudice causé, et le droit pénal, quant à l'obligation de punir l'atteinte portée à l'ordre général. L'obligation de réparer le préjudice privé n'existe que si préjudice il y a, et ne se calcule que sur le montant de ce préjudice effectif : l'action, pour me servir de formules consacrées par la jurisprudence de Rome, est ici *persécutoire de la chose*. Au contraire, quant à la peine à infliger, indépendamment du mal réellement produit par l'agent, la culpabilité morale, le mal intentionnel, lui sont imputables, il est tenu d'en répondre ; et c'est là même le premier élément de la mesure dans l'idée de punition. — Sans doute, dira-t-on, le délit est incomplet, il en manque un des éléments, le résultat matériel. Je vois bien la pensée du délit traverser d'abord l'esprit de l'agent, sa résolution se fixer, les préparatifs s'achever, je me représente la force même déjà mise en activité, mais le but est manqué, et je ne vois pas l'effet. —Oui, mais si le mal que l'agent avait en vue n'a pas été réalisé, il aurait pu l'être, il pourrait l'être une autre fois : le trouble, l'alarme publique, le danger du mauvais exemple, la crainte des récidives se réunissent ici pour faire naître et appliquer *l'action persécutoire de la peine.* — En quatrième lieu, l'action publique et l'action civile sont séparées par leur but et consacrent : l'une, le droit de la société à la répression des crimes ; l'autre, le droit de la victime à un dédommagement pécuniaire. Rien ici-bas, il est vrai, ne peut faire revivre ce que le crime a détruit, et le mal causé n'est jamais complétement effacé; l'expiation de la peine sera souvent incomplète, la réparation de l'indemnité illusoire, mais la justice humaine ne peut faire autre chose : punir et indemniser.

Ainsi se trouvent résolues les questions que nous avions posées, au commencement de cette première partie, sur la source, les caractères différents et la fin des deux actions.

ÉTUDE HISTORIQUE.

L'action civile aux divers âges des législations.

> Et genus humanum multo fuit illud in arvis
> Durius. . . . .
> Nec commune bonum poterant spectare, nec ullis
> Moribus inter se scibant, nec legibus uti.
>
> (LUCRÈCE, lib. V, *De rerum natura*, v. 923 et suiv.)

> Nihil autem neque publicæ neque privatæ rei, nisi
> armati agunt.
>
> (TACITE, *Germania*, f. XIII.)

Avant d'arriver à l'étude analytique de l'action civile, d'après la législation actuelle, il importe de jeter un coup d'œil rapide sur l'histoire des âges précédents et d'y chercher les traces du travail qui, dégageant peu à peu l'intérêt de la société et l'intérêt privé dans la réparation des actes criminels, finit à l'indépendance des actions destinées à satisfaire ces deux intérêts : tel va être l'objet de cette seconde partie. L'utilité pratique à retirer de l'étude sera celle qu'on retire de toute étude historique : en s'instruisant à l'expérience du passé, on apprend à faire mieux par l'examen même de ce qui fut mal ; en outre, comme il est peu de dispositions qui soient de création absolument nouvelle, la société, quelles que soient les formes de sa constitution politique, ayant ses lois d'existence, ses besoins, ses rapports nécessaires, qu'elle affirme en tout temps par des règles à peu près analogues, et la législation n'étant que l'application des règles du droit aux besoins sociaux, il s'ensuit que presque tous les principes juridiques ont leur racine dans le passé, et que la théorie, attentive aux révolutions du droit, doit les éclairer d'une vive lumière en les prenant à leur source et en suivant les phases de leur règne à travers les vicissitudes des différentes époques.

Ceci posé, le principe qui domine la législation de toutes les sociétés naissantes est celui de la vengeance privée : les actes de violence appellent et justifient la vengeance des personnes offensées. L'idée abstraite de corps social n'est pas de ces conceptions qui pénètrent facilement dans l'esprit des peuples primitifs, et, à défaut de pouvoirs publics organisés, la violence des passions et la brutalité des mœurs n'ont d'autre frein que la force que chaque individu peut opposer aux entreprises et aux attaques de ceux avec qui il doit vivre. Ce qui se développe alors, ce sont donc les existences individuelles, chacun agit et se défend pour son propre compte. Ainsi, la punition des crimes se trouve placée dans les mains des personnes que ces crimes ont blessées, ainsi l'action privée est la seule action répressive : l'action publique n'est pas née, elle ne peut pas naître encore, puisque, représentant l'intérêt de la cité à côté de l'intérêt personnel, elle suppose la constitution de cette cité, une autorité reconnue, un pouvoir réparateur.

L'histoire nous apprend qu'il en fut ainsi dans les âges héroïques de la Grèce ; et si nous ne savions combien ces coutumes grossières entrèrent avant dans les mœurs, pénétrèrent profondément les institutions, nous serions étonnés d'entendre Démosthène proclamer, à une époque où l'on avait déjà tant fait pour la constitution de l'État et si bien dit pour l'intelligence de ses droits, « que, pour la répression des crimes, l'ac-
« tion privée est le droit commun, la règle générale, et que
« l'action publique n'est qu'un moyen extraordinaire, destiné
« soit à suppléer les négligences de la première, soit à at-
« teindre les attentats purement politiques (1). »

(1) Demosthène, adv. Macert. et Pantœnet.

Le même phénomène se produisit incontestablement à Rome, quoique nous ne connaissions rien de précis sur ses temps fabuleux, mais ce n'est pas outrager la mémoire d'un grand peuple que de dire que ses origines présentèrent le spectacle de cette barbarie. Ce qui le prouverait, d'ailleurs, c'est le caractère qu'y offrait tout d'abord la législation pénale : l'action publique ne fut régularisée que très-tard, puisque, d'après le témoignage de Cicéron lui-même (1), c'est seulement à la loi *Calpurnia repetundarum*, vers le milieu du viie siècle de la République, que remonte l'origine des *Quæstiones perpetuæ*. Et, encore, il importe de ne pas se méprendre sur l'étendue de cette transformation première qui se borne à mettre, pour quelques crimes législativement spécifiés, la vengeance publique à côté et au-dessous de la vengeance privée. En effet, tandis que, devant ce tribunal permanent, *perpetuus,* et, par cela même, en dehors de la règle commune des magistratures romaines, un citoyen n'est investi du droit d'accusation publique que sous certaines conditions d'idonéité, l'action des parties lésées est, au contraire, toujours recevable, elle est privilégiée ; aucune déchéance ne l'arrête, aucune indignité personnelle ne lui fait obstacle. D'un autre côté, ces délégations de juridiction criminelle ne s'appliquaient qu'aux crimes qui attaquaient directement l'État ou compromettaient gravement l'ordre général, et que l'on nommait, pour cela, crimes publics, *publica judicia* (2). Pour les

(1) Cicéron, Brutus, *de Clar. Orat.* § 27.

(2) Voici le tableau des premières questions perpétuelles :

An de R. 605. *Loi Calpurnia, de Repetundis, quæstio pecuniæ repetundæ,* contre les concussions commises dans les provinces.

An de R. 635. *Loi Maria, de Ambitu, quæstio ambitus,* contre les brigues employées pour obtenir illégalement les magistratures.

Eod. anno. *Quæstio peculatus,* contre le péculat.

An de R. 632. *Loi Apuleia Majestatis, quæstio de Majestate,* contre tous les actes attentatoires à la sûreté ou à la majesté du peuple. Sous les empereurs, dans cette *quæstio,* le droit d'accusation publique de-

délits inférieurs, connus sous l'appellation de délits privés, *privata judicia,* qui semblaient n'atteindre qu'un intérêt particulier, la poursuite continua à être abandonnée exclusivement aux simples actions civiles entre particuliers devant la juridiction civile.

Il s'en faut de beaucoup, on le voit, que les législations anciennes présentent, sur le point qui nous occupe, cette supériorité de raison et cette valeur scientifique que nous rencontrons chez elles sur certaines matières de droit privé. Sans doute, il existe déjà une action publique et une action civile, mais leurs rôles sont loin d'être nettement dégagés. La société paraît complétement désintéressée dans la répression d'un acte dirigé spécialement contre un citoyen, et si l'État intervient pour punir les attaques dirigées contre son existence même, il n'intervient qu'au second rang, et la plupart du temps à défaut de l'action des parties directement lésées par le crime. On avait cru assez faire à Rome pour la morale et l'exemple en donnant à la victime du délit le droit de réclamer une indemnité supérieure au dommage qu'elle avait souffert : l'action privée était pénale pour ce surplus, qui constituait une véritable amende, dont la personne lésée profitait. Il était donc parfois avantageux d'être la victime d'un délit, singulier résultat pour la morale publique, étrange confusion du rôle des deux actions et des intérêts auxquels elles doivent donner satisfaction.

Le cadre naturellement restreint de cette étude ne nous

---

vint un droit populaire, il s'étendit à tous, sans aucune exclusion, dans l'intérêt d'une répression politique que l'histoire a justement flétrie. Récemment encore, l'historien de César, dans une de ces pages où la puissance de la déduction et la profondeur des vues n'ont d'égales que la richesse de l'esprit analytique et la fermeté du jugement, mettait la loi de perduellion ou de lèse-majesté au nombre des éléments de dissolution qui préparèrent la décadence de Rome. (*Histoire de Jules César,* t. I, p. 38.)

permet pas de suivre pas à pas, dans notre droit, les phases de ce long et laborieux travail de séparation entre les intérêts de la société et les intérêts des parties lésées, séparation que le législateur moderne crut certainement avoir achevée, lorsqu'il proclama l'indépendance de l'action publique (1). Nous dirons seulement que la conscience sociale, qui apprécie les actions humaines et sait en discerner les véritables caractères, ne s'est développée qu'avec lenteur; les lueurs qui l'éclairent ne lui sont arrivées que successivement. Et d'abord, avec l'invasion germanique, qui apporte sur le monde romain une population nouvelle, rudement rigoureuse et exclusivement guerrière, dont l'installation et le mélange avec les vaincus va produire les nations modernes de l'Europe, avec cette invasion, dis-je, réapparaît, et dans toute sa rigueur, le principe de la vengeance privée. Lorsqu'un individu a commis un crime contre la personne, contre l'honneur ou contre la propriété d'un autre et qu'il ne consent pas à acquitter le *wehrgeld,* c'est-à-dire la composition ou le rachat de la vengeance qu'il doit à l'offensé, les lois barbares, d'accord avec les mœurs d'alors, donnent à cet offensé un véritable droit de guerre ; et si ce dernier, dans son isolement, se sent trop faible pour l'exercer, il appelle à lui sa famille, qui prend en main sa cause et provoque au combat l'agresseur. Il faut lire dans le texte même des lois barbares (2), et jusque dans les capitulaires de nos rois de la première et de la seconde race, ce qui concerne ces guerres de famille, héritage de vengeance qui se transmettait avec la terre et la cuirasse.

Plus tard, lorsque les intérêts généraux de la société commencèrent à se faire jour, que les besoins d'ordre public se développèrent, l'accusation tendit à se répandre en dehors des

(1) Art. 4 C. inst. crim. et 2046 C. Nap.
(2) Celles qui doivent particulièrement attirer notre attention à nous, comme plus intimement liées à nos origines nationales, sont : les trois lois des Francs Saliens, des Bourguignons et des Francs Ripuaires.

mains des parties lésées, et, chose remarquable, l'action publique, dans notre pays, ne va pas, comme à Rome, apparaître sous la forme de l'accusation populaire, forme trop peu en harmonie avec les principes de la tradition germanique ; au premier effort qu'elle fait pour se dégager de l'action privée, elle remonte vers l'autorité publique et vient se placer, non, encore une fois, dans les mains des simples citoyens, mais dans celles des juges. Dès lors, les crimes ne furent plus seulement réparés, ils commencèrent à être punis ; aux compositions qui avaient, avant tout, pour but le dédommagement de la personne lésée, succédèrent les supplices *crées pour l'exemple des autres,* comme le porte une ordonnance d'Iz-sur-Tille (1), et, par conséquent, dans un intérêt général. Sans doute, le droit d'accusation continue d'appartenir aux parties offensées, l'action publique ne se présente encore que comme élément de l'action privée ; néanmoins, en face des droits des individus, on voit poindre, dans l'intervention du juge et dans la poursuite d'office, le droit de la justice sociale, et, il est permis de le dire, les deux actions, dont la séparation sera la conquête d'un autre âge, coexistent déjà. Enfin, au commencement du xve siècle, la création, sur les débris des coutumes féodales, d'une partie publique, l'intervention qui suivit des procureurs royaux dans les poursuites criminelles, vinrent donner au principe qui ne s'était produit jusque-là que disséminé dans les fonctions des juges, une plus grande puissance en le centralisant dans les attributions d'un magistrat.

Cette partie publique, qui vient ainsi partager avec les juges les fonctions que les citoyens exerçaient dans les républiques anciennes, doit être considérée, il faut le répéter après Montesquieu (2), comme l'une des plus admirables institutions qui soient sorties du moyen âge. « C'a été sagement et

(1) Ordonnance de François Ier, Oct. 1535, chap. II, art. 6. Dubourg, chancelier.

(2) *Esprit des lois,* liv. XX.

« humainement faict, dit un auteur du temps, d'avoir planté et
« subrogé le procureur du Roy au lieu de ceux, lesquels, en
« estat populaire, se meslaient d'accuser autres, sans intérêt
« particulier qu'ils eussent. C'a été apporter une grande dou-
« ceur à la société humaine que de remettre en une personne
« seule ce qui est simplement du public et d'oster toutes ces
« actions et la licence vague et indéfinie de se rechercher et
« entremanger (1). » Mais si cette innovation fut utile à l'ordre
général et à la sécurité de tous, elle fut surtout féconde dans
ses résultats, au point de vue particulier qui nous occupe, en
ce qu'elle fit grande brèche à l'antique suprématie de l'action
privée dans la poursuite. A dater de cette époque, la partie lésée arrive peu à peu à n'être plus considérée comme la partie
principale, et à mesure que ses droits perdent quelque terrain,
ceux de la partie publique, gardienne désormais vigilante des
intérêts sociaux, acquièrent, au contraire, plus de fermeté et
d'étendue. Par une conséquence nécessaire, l'action privée se
circonscrit, son but se détermine et se précise : c'est la satisfaction des intérêts particuliers. Elle conserve, il est vrai, comme
débris de sa première puissance, plusieurs priviléges impor-
tants, entre autres sa faculté d'initiative : les parties peuvent
encore provoquer la répression, mettre en mouvement l'action
publique, concourir aux actes de l'instruction, intervenir ac-
tivement au procès; le législateur de 1791 leur maintient, et la
loi du 7 pluviôse an ix elle-même leur reconnaît implicitement ces prérogatives, qu'elles tiennent des mœurs et des traditions respectées ; mais, et c'est ici surtout qu'apparaît la
transformation, elles ne concluent plus à la peine. La séparation entre les deux actions est donc déjà bien tranchée dans
notre législation qui les a si longtemps confondues : voyons
si elle est complète et si les principes rationnels ont trouvé
leur application dans le droit moderne.

(1) Pierre Ayrault, *Instr. jud.*, liv. II, p. 195.

ÉTUDE ANALYTIQUE.

De l'action civile suivant la législation et la jurisprudence modernes.

Veniet tempus quo multa quæ nunc latent in lucem
expandet longioris ævi diligentia. Veniet tempus quo
tam aperta nos ignorâsse posteri nostri mirabuntur.

SÉNÈQUE LE PHILOSOPHE.

Nous diviserons cette dernière partie en trois sections. — Dans la première, nous allons traiter de l'ouverture et de l'exercice de l'action civile. — Dans la seconde, nous étudierons les rapports actuellement existants entre l'action civile et l'action publique et le cas dans lequel la première est subordonnée à la seconde. — Enfin, dans la troisième, nous traiterons des causes d'extinction de l'action civile.

PREMIÈRE SECTION.

DE L'OUVERTURE ET DE L'EXERCICE DE L'ACTION CIVILE.

Nous l'avons établi plus haut, l'action civile a pour but de satisfaire à l'un des intérêts lésés par le fait punissable, à l'intérêt privé : elle est le second chef de la réparation que l'on est en droit d'exiger du coupable. Sans doute, c'est un prin-

cipe de justice, inscrit en tête de toute législation, « qu'un fait
« quelconque de l'homme, qui cause à autrui un dommage,
« oblige celui par la faute duquel il est arrivé, à le réparer (1).»
Mais si ce fait est purement privé, s'il est exempt des incriminations de la loi pénale, l'action qu'il produit n'est soumise
qu'aux règles du droit civil. Pour qu'une personne lésée soit
recevable à joindre son action à celle du ministère public, il
faut que le fait dont elle argumente constitue l'infraction
dont le défendeur est pénalement responsable. Cela résulte
expressément des termes de l'art. 1er, C. inst. crim. « L'action
« en réparation de dommage causé par un *crime*, un *délit* ou
« une *contravention*, etc. » L'art. 63, C. inst. crim., qui règle
la procédure à suivre, dit aussi : « Toute personne qui se
« prétendra lésée par un crime ou un délit, etc. (2). » Ainsi,
nous le répétons, les tribunaux de répression ne sont compétents pour connaître de la réparation civile d'un dommage, en
un mot pour statuer sur cette action civile dont parle la loi
criminelle, et qui, seule, doit nous occuper ici, qu'autant que
le fait d'où résultent ce dommage et ensuite cette action, est
en lui-même un crime, un délit ou une contravention. Il ne
suffirait donc pas que le fait fût simplement connexe à un délit. Un exemple fera mieux connaître notre pensée; nous le
prenons dans l'une des espèces les plus remarquables de la
jurisprudence : Le maire de la ville d'Aumale avait pris un
arrêté contenant deux dispositions de nature différente : l'une
(rentrant dans le cercle de ses attributions de police munici-
pale, et, par conséquent, obligeant les citoyens, à peine de répression judiciaire), par laquelle il défendait la vente de certaines denrées ailleurs que dans un lieu déterminé; l'autre
(rentrant dans le cercle de ses fonctions d'administrateur des
biens ou revenus de la commune, et, par conséquent, n'impo-

(1) Art. 1382, C. Nap.
(2) V. Cass., 1er déc. 1832. Cass., 11 juin 1836.

sant qu'un lien civil aux parties contractantes), par laquelle il fixait le prix des places à occuper par les marchands.

Comme un individu avait contrevenu à la première disposition de l'arrêté en exposant des denrées en vente ailleurs que sur le marché, et que, pour ce fait, il avait été traduit, à la requête du ministère public, devant le tribunal de simple police, les adjudicataires des droits de place étaient intervenus et avaient voulu joindre à l'action publique leur action civile en réparation du dommage qu'ils soutenaient avoir éprouvé par la privation des droits de place qui leur étaient dus ; mais la Cour de cassation fit prévaloir les vrais principes : « dans « l'espèce, répondit la Cour, le fait de n'avoir point payé les « droits de place n'était réprimé par aucune loi pénale et ne « donnait point ouverture à l'action publique ; » à la vérité, ce fait concourait avec celui de la contravention, résultant contre le contrevenant d'avoir vendu ailleurs que sur le marché, *mais il n'en était pas moins un fait distinct de la contravention même,* il ne constituait qu'une infraction aux actes passés par le maire en sa qualité d'administrateur des biens communaux, le tribunal de simple police était donc incompétent pour l'apprécier sous le rapport des réparations civiles auxquelles il pouvait donner lieu (1).

De cette première condition, nécessaire pour qu'un fait donne ouverture à l'action civile, résulte cette conséquence que la juridiction répressive devrait toujours être incompétente pour allouer des dommages-intérêts à la partie civile, lorsque le prévenu a été acquitté. L'acquittement démontre en effet qu'il n'y a pas d'infraction ; dès lors, la base pénale s'évanouissant, et la demande en dommages-intérêts ne pouvant plus être fondée que sur un manquement aux règles du droit civil, il semblerait qu'elle dût retourner à ses juges naturels. Cependant notre jurisprudence pratique a fait ici une distinction ; la conséquence est restée certaine, toutes les fois

(1) Cass., 30 juill. 1829.

qu'il s'agit d'une action civile portée devant les tribunaux correctionnels ou les tribunaux de simple police (1). Quant à la cour d'assises, la loi est formelle. Cette cour, quoique prononçant un acquittement ou une absolution, reste compétente (2) pour statuer sur la demande en dommages-intérêts de la partie civile (art. 366, C. inst. crim.).

Pour que l'action civile soit recevable, il ne suffit pas qu'il y ait une infraction punissable : l'infraction doit avoir de plus causé à la partie plaignante un dommage, soit matériel, soit moral, mais *actuel, direct* et *personnel*.

Actuel, car un simple dommage éventuel, à venir, est inappréciable encore. De quoi d'ailleurs la partie civile se plaindrait-elle, si ce n'est peut-être d'une vaine terreur? « Mais la justice, a dit très-bien M. Merlin, n'est point faite « pour s'occuper de ses plaintes puériles, ni pour suivre l'im- « pulsion de son inquiète prévoyance : en un mot, ce ne sont « pas des visions, se sont des choses qu'il lui faut (3). »

Direct, c'est-à-dire il faut que le dommage n'ait pas seulement été souffert à l'occasion du délit, mais encore qu'il en soit la conséquence même, le résultat immédiat. Cependant, je dois ajouter qu'on pourrait argumenter d'un arrêt de la cour d'assises de la Seine du 11 juin 1832 pour énerver l'autorité de cette dernière règle si bien, cependant, dans la nature des choses et dans la justice. Un individu était traduit devant la cour d'assises de la Seine, accusé d'avoir assassiné sa mère.

(1) Arg. des art. 191 et 212 C. inst. crim. En vain l'on objecte la disposition finale de ces deux articles, cette disposition ne s'applique qu'aux dommages-intérêts conclus par le prévenu acquitté, et qui sont fondés sur l'injustice de la poursuite. La jurisprudence est constante en ce sens. On en trouvera l'exposé complet dans un rapport de M. Isambert qui précède l'arrêt de cass. du 2 mars 1851. (Sirey, 1851, 1, 351.)

(2) Voir les observations de M. Treilhard sur les motifs de cette exception, Locré, t. XXIV, p. 336.

(3) Merlin, *Questions de droit. V. Question d'État,* § 1.

Avant l'ouverture des débats, le sieur Labauve, qui avait été précédemment traduit devant la cour d'assises des Ardennes comme auteur de cet assassinat, déclara se porter partie civile contre l'accusé afin d'obtenir tels dommages-intérêts qui seraient reconnus lui être dus. La cour, par l'arrêt précité, en admettant l'intervention, ne nous semble pas s'être placée dans le vrai, et ses considérants, loin d'être victorieux, paraîtront au contraire d'une réfutation facile. Il nous suffira de dire que les poursuites exercées autrefois contre l'intervenant, et dont celui-ci faisait résulter le dommage qui, suivant sa prétention, lui donnait le droit de se porter partie civile, n'étaient pas le fait de l'accusé, mais le fait du ministère public, de sorte que le dommage, dans l'espèce, non-seulement n'était pas concomitant avec le crime, mais ne résultait même pas de ce crime; il avait pris sa source en dehors de lui, dans des faits postérieurs et entièrement indépendants de l'activité du vrai coupable.

Enfin *personnel,* autrement dit le dommage doit avoir été éprouvé personnellement dans notre honneur ou dans nos biens. Ce dernier principe est déposé avec la formule la plus précise dans les art. 1 et 63 C. inst. crimin.; nous croyons même que le père ne peut, d'après ces règles, agir au nom de ses enfants, que dans les cas où il est leur représentant légal. Un arrêt de la cour d'Agen, du 9 mars 1843 (1), sinon dans ses termes, au moins dans son esprit, est conforme à notre sentiment.

La connaissance des conditions nécessaires à l'ouverture de l'action civile nous met à même maintenant de déterminer les personnes qui peuvent exercer cette action. Ce sont, d'une manière générale : 1° et avant tous autres, la partie lésée; 2° ses héritiers et successeurs; 3° ses ayants cause; 4° ses représentants légaux ou conventionnels.

Un cas mérite une mention spéciale, c'est celui où le délit

(1) Sirey, 1844, 2, 73.

est postérieur à la mort du défunt et consiste dans un outrage à sa mémoire. La question revient à savoir si la diffamation envers les morts est prévue par la loi pénale et peut, par suite, donner lieu à l'action civile de leurs héritiers. Ce point est certainement un des plus délicats de notre matière ; il a, et dans ces derniers temps encore, vivement préoccupé le monde des jurisconsultes, tantôt à raison de la personnalité des parties et des circonstances qui avaient donné naissance à la diffamation prétendue, tantôt à raison de la difficulté de la thèse en elle-même et des conséquences que sa solution peut avoir sur les droits de l'histoire.

Posons d'abord un premier principe qui n'a donné lieu à aucune objection sérieuse : l'action publique, et, avec elle, l'action civile dans le sens où nous la prenons toujours dans ce travail, c'est-à-dire celle qui est le soutien et le complément de l'action publique (1), devront toujours être déclarées recevables lorsque les faits diffamatoires, quoique principalement imputés à la mémoire d'une personne décédée, seront de nature à rejaillir sur la considération de ses représentants et à leur causer un préjudice personnel. Les auteurs, même les plus hardis en cette matière (2), n'ont jamais osé refuser aux

(1) Comme, au point de vue purement civil, il peut, en dehors des éléments constitutifs d'un délit, exister un tort susceptible de réparation, les héritiers, et tout le monde, je crois, est d'accord là-dessus, qui se croiraient lésés par les imputations dirigées contre leur auteur décédé auront toujours le droit de s'adresser aux tribunaux civils pour demander la réparation des dommages que ces imputations pourraient leur faire éprouver. Mais l'action qui nous occupe est, nous le répétons une dernière fois, afin de prévenir toute confusion, toute autre chose que ce droit d'intenter une action purement civile, qui aurait tout son principe et toute sa justification dans la disposition générale de l'art. 1382 du C. Nap. (Voir arrêt de la cour impériale de Paris, rendu sous la présidence de M. Delangle, 17 avril 1858, première chambre. Héritiers du prince de Beauharnais contre Perrotin.)

(2) V. M. Chassan, *Traité des délits de la parole*, t. Ier, p. 350 et suiv.

ʀribunaux le pouvoir de réprimer les abus d'un langage qui, sous le prétexte de juger les morts, n'a d'autre but que de diffamer les vivants ; et la jurisprudence nous offre, dans cette hypothèse, une solution très-précise, c'est un arrêt de la cour de Paris, 9 juillet 1836, (aff. de Tourzel) (1).

La difficulté ne naît réellement que lorsque le défunt seul est en cause : c'est sa vie publique qui est attaquée et ce sont ses fautes politiques qui lui sont reprochées ; même on a soulevé le voile de sa vie privée, on en a recherché complaisamment les faiblesses ou les égarements, sans que cependant ses égarements ou ses faiblesses puissent porter atteinte à l'honneur de ceux qu'il a laissés après lui. Ces derniers auront-ils encore, dans ce second cas, le droit de se plaindre et d'exercer action pour raison de l'injure faite à la mémoire de leur auteur?

Quelle que soit la gravité des considérations invoquées par l'arrêt de la cour impériale de Paris du 19 mars 1860 (2), nous admettons comme juridique l'interprétation qui place sous la sanction de notre loi positive le respect dû à la mort; nous pensons que la lacune signalée par l'arrêt n'existe pas, que les art. 13 de la loi du 17 mai 1829 et 5 de la loi du 26 mai de la même année, entendus dans leur signification naturelle et rapprochés, notamment, des art. 727, 1046 et 1047 du Code Napoléon, comprennent l'idée générale de la personnalité humaine envisagée sous tous ses aspects, même au-delà du tombeau, et doivent, par conséquent, suffire pour réprimer des violences d'autant plus coupables qu'elles s'adressent à celui qui n'est plus, sans qu'il soit besoin d'ajouter une arme nouvelle à l'arsenal de nos codes.

(1) Ajout. Arrêt, Bruxelles, 16 février 1827 (J. du palais, t. XXI, p. 173, et cour de Paris, 14 août 1839 (affaire des héritiers de Casimir Périer contre les gérants des journaux *l'Europe* et *le National*).

(2) Voir aussi en ce sens : Jug. du trib. corr. de la Seine, 17 avril 1826, (aff. des héritiers de la Chalotais contre le journal *l'Étoile*).

On allègue que les héritiers n'ont rien à opposer à l'exercice du droit suprême de l'histoire : — l'intérêt privé de la
famille réprouve, mais l'intérêt supérieur de la postérité com-
mande ! — Sans doute, l'histoire a le droit de formuler librement son appréciation sur les hommes comme sur les événements; mais elle cesserait d'être le plus solennel, le plus
grave, le plus utile des enseignements, si elle pouvait se trans-
former impunément en satire, et si ses immunités et ses fran-
chises protégeaient aussi la malignité du pamphlet (1).

Avons-nous besoin de le dire, en terminant, la solution que
nous adoptons, outre qu'elle sied plus à la dignité de l'homme,
n'est pas en désaccord, comme on l'a prétendu, avec la foi du
chrétien. En effet, si, dans la sublime abstraction de nos idées
religieuses, nous considérons comme hors de la portée de la
calomnie l'âme retournée au Créateur, d'autre part, dans la réa-
lité de la vie, la piété de famille, nos plus saints devoirs comme
nos plus chers intérêts, nous commandent de ne pas déserter
ce qui survit ici-bas de nos pères, l'estime qui s'attache à leur
nom, le respect qui entoure leur souvenir, en un mot, cette
mémoire sacrée qui est la partie la plus intime de notre patrimoine. Refuser aux héritiers, en face d'une insulte à la cendre
de leurs proches, le droit à une réparation légale, ce serait
les renvoyer à la vengeance privée des temps de barbarie (2).

(1) Voir en ce sens l'éloquent réquisitoire de M. de Marchangy et
cass., 24 avril 1823.

Cass., 24 mai 1860 :

« Attendu que le mot *personne*, employé dans l'art. 13 (L. 17 mai
« 1819), comprend les vivants et les morts, la loi ne distinguant pas....
« que la mémoire d'un mort entre dans le patrimoine de sa famille,
« que l'héritier, qui représente le défunt, trouve dans sa qualité même
« le droit de défendre tout ce qu'il recueille dans la succession, que ce
« soit une propriété morale ou matérielle....., etc. »

(2) Si nous interrogeons l'histoire, nous voyons, aussitôt après l'ère
barbare, les législations anciennes protéger, par des pénalités sévères,
la mémoire des morts; bien plus, cette mémoire, à Athènes et à Rome,
était tenue pour sacrée, et l'on peut dire que ce respect était, avec le

Après avoir étudié, en premier lieu, à quelles conditions est soumise l'ouverture de l'action civile; en second lieu, à quelles personnes est déféré son exercice, nous devons rechercher, avant de clore cette section, quels seront les tribunaux compétents pour en connaître. Le principe, à cet égard, est contenu dans l'art. 3 du Code d'inst. crimin. : la partie lésée peut, à son choix, porter son action séparément devant les juridictions civiles ou, conjointement avec l'action publique, devant les juridictions répressives. Ce droit d'option est général, il existe en toute matière, comme l'a consacré d'une manière absolue la jurisprudence en écartant deux exceptions autrefois proposées en matière de délits de presse (1) et de contrefaçon (2).

Sans doute, l'action civile portée devant les tribunaux répressifs est accessoire à l'action publique; sans doute, ces tribunaux n'ont pour en connaître qu'une compétence proro-

culte des traditions de famille, l'un des principes les plus élevés de la morale publique. Nous n'en voulons pour preuve, dans le droit attique, que cette belle loi de Solon, dont Plutarque parlait encore avec enthousiasme et que Démosthène nous conserve dans son discours contre Leptine. Mentionnons aussi, dans le droit romain, cette fameuse loi cornélienne de *Injuriis et famosis libellis*, qui fut portée par Sylla pour réprimer la licence avec laquelle les citoyens se déchiraient au sortir des guerres civiles, et qui comprenait aussi dans le cercle de ses dispositions l'injure adressée à la personne des morts. Voir, enfin, un texte d'Ulpien, livre I, au *Digeste*, tit. X, liv. XLVII, qui oblige les héritiers, au nom du droit naturel et au nom du droit divin, à venger la mémoire de leurs proches.

(1) Cass., 23 juin 1846 (Sirey, 1846. 1, 543). — Cass., 6 mai 1847 (Sirey, 1847, 1, 321). — Et surtout Cass., 23 nov. 1847 (Sirey, 1848, 1, 163) :

« La Cour, — Attendu que les art. 1 et 2, Cod. inst. crim. recon-« naissent l'existence des deux actions, l'action publique et l'action ci-« vile, distinctes et séparées..... Attendu que l'art. 3, même code, « permet l'exercice de l'action civile séparément; — Attendu que ces « règles sont générales....., etc. »

(2) Angers, 4 juin 1842.

gée, leur compétence vraie se restreignant à l'action publique, cependant il importe de remarquer que, même dans ce cas, bien qu'accessoire, l'action civile n'en reste pas moins distincte de l'action publique, qu'elle ne change pas de nature intrinsèque et conserve ses conditions spéciales d'existence. Nous allons faire l'application de ces règles dans une espèce à l'égard de laquelle trois opinions diverses se sont produites, chacune rencontrant tour à tour des défenseurs et des adversaires.

L'action publique et l'action civile ayant été exercées conjointement devant une juridiction répressive, la survenance, avant le jugement définitif et irrévocable, d'une cause d'extinction de l'action publique, comme le décès du prévenu, la prescription, a-t-elle pour effet de dessaisir nécessairement la juridiction répressive et de faire revenir l'action civile devant la juridiction civile ?

Un premier système est absolu et se formule ainsi : le prévenu étant mort, soit avant sa condamnation prononcée, soit après, mais alors qu'il lui reste encore une voie de recours quelconque pour y échapper, est mort dans l'intégrité de ses droits, *integri status ;* les choses doivent être remises au même point où elles se trouvaient au moment où l'action a pris naissance, attendu que les tribunaux de répression ne sont investis du droit accessoire de prononcer sur l'action civile que par le droit exclusif qu'ils ont de statuer sur l'action publique.

Il nous semble que, dans cette théorie, on fait une application exagérée, et, par conséquent, fausse, d'un principe parfaitement vrai. On met sur la même ligne et le cas où le décès a eu lieu avant, et le cas où le décès a eu lieu après le jugement; il suffit, dit-on, qu'il n'y ait pas autorité irrévocable de chose jugée pour que la juridiction répressive soit dessaisie. Mais ce système exclusif trouve une objection victorieuse dans l'art. 202 C. inst. crimin. Il est, en effet, admis, en doctrine et en jurisprudence, que le défaut d'appel, de la part du ministère public, du jugement qui acquitte le prévenu, met ce dernier à l'abri de toute peine (1). Et cependant, il est constant que le tribunal d'appel, qui, dès lors, n'est plus saisi de l'action publique éteinte par la déchéance de l'appel du ministère public, peut et doit même, sur l'appel de la partie lésée, prendre connaissance des faits reprochés au prévenu et le déclarer coupable, s'il y a lieu, du délit qui lui est reproché par la partie lésée, pour prononcer ensuite des réparations civiles. Cela a été jugé nombre de fois par la Cour de cassation (2). On le voit donc, l'action civile n'est pas, dans tous les cas, essentiellement jointe ou subordonnée à l'action publique; et, d'après les précédents que nous venons de citer, on ne peut se refuser de reconnaître que la première peut survivre à la seconde, en d'autres termes, que la partie civile peut encore obtenir des réparations devant la juridiction répressive alors même qu'aucune peine ne peut y être prononcée.

Le second système enseigne que l'action civile, une fois engagée devant la juridiction répressive, n'en doit pas moins continuer d'avoir son cours, quels que soient les événements postérieurs. Il y a lieu toutefois de restreindre ce principe

(1) V. Cass., 6 frimaire et 27 nivôse an x; 26 février 1825.

(2) Voir les arrêts, 23 juin et 23 sept. 1837 (Sirey, 1838, 1, 137 et 1839, 1, 803); et 20 août 1840 (Sirey, 1840, 1, 744) : « Attendu qu'il ré-« sulte des art. 182 et 202 C. inst. crim., que la faculté d'agir par action « directe et celle d'appeler dans son intérêt sont accordées par la loi à « la partie civile comme au ministère public, que si le ministère public « ne se rend pas appelant d'un jugement de première instance favorable « au prévenu, *il en résulte seulement que l'appel de la partie civile ne* « *peut donner lieu à l'application d'aucune peine, mais non que son* « *action soit éteinte ni altérée dans ses rapports avec son intérêt per-* « *sonnel;* —Attendu que le tribunal, qui est appelé à statuer sur la de-« mande en dommages-intérêts réclamés par la partie civile, doit né-« cessairement prendre connaissance des faits et les qualifier;— Qu'ainsi « l'arrêt attaqué, en se bornant à déclarer le demandeur coupable du « délit d'escroquerie, mais sans prononcer aucune peine, n'a commis « ni excès de pouvoir, ni violation de la chose jugée, Rejette... »

aux tribunaux correctionnels et de police. Ici encore, il nous semble que la réponse est facile : ou bien, dans ce système, l'action civile manquerait de contradicteurs, ou bien il faudrait assigner les héritiers du prévenu en reprise d'instance et les forcer à continuer une procédure dans laquelle ils arriveraient inopinément. Leur droit de défense, supprimé dans le premier cas, serait rendu illusoire dans le second.

Enfin, un troisième système, que nous croyons conforme aux vrais principes, distingue suivant qu'il y a eu jugement au fond ou qu'il n'y a pas eu encore de jugement. S'il n'y a pas encore eu de jugement, les tribunaux répressifs sont dessaisis irrévocablement ; l'action civile sera obligée de prendre une autre voie, celle des tribunaux civils. Si, au contraire, il y a eu un jugement, encore bien qu'il soit frappé d'appel ou de pourvoi en cassation, les juridictions répressives resteront compétentes pour qualifier le fait incriminé, et accorder à la partie civile les réparations auxquelles elle peut avoir droit.

Cette distinction repose sur des motifs qui nous semblent de nature à la faire prévaloir. Sans nuire en aucune hypothèse à la défense des héritiers, elle permet d'utiliser une procédure qui est parfaite, dans le cas où, une première juridiction ayant prononcé, il n'y a plus à discuter que sur des faits constatés. L'action civile, il faut bien le remarquer, se trouve déjà avoir été l'objet d'un jugement ; ce jugement, rendu régulièrement, on ne peut le réputer non-avenu ; si l'on en veut la réformation, qu'on la demande aux tribunaux compétents. Or, nous croyons pouvoir dire, en invoquant les principes de notre organisation judiciaire, qu'il n'y a que les tribunaux répressifs qui puissent statuer sur l'appel de décisions émanées de tribunaux répressifs. Ajoutons, enfin, que l'opinion qui nous paraît devoir être adoptée, peut, par un argument d'analogie, s'étayer d'un arrêt de la Cour de cassation du 16 octobre 1847 : la situation y est prise par son véritable côté, et il n'y a rien à objecter contre l'équité de cette jurisprudence.

DEUXIÈME SECTION.

DES RAPPORTS ACTUELLEMENT EXISTANTS ENTRE L'ACTION CIVILE ET L'ACTION PUBLIQUE, ET DU CAS DANS LEQUEL LA PREMIÈRE EST SUBORDONNÉE A LA SECONDE.

Ordinairement, dans les principes de notre droit moderne, le droit de punir et le droit de faire réparer le préjudice occasionné, et, par conséquent, les droits sanctionnateurs d'action publique et d'action civile sont indépendants l'un de l'autre. L'orateur du Gouvernement, en présentant le rapport de la commission sur les dispositions préliminaires du Code de 1808, se plaisait à le proclamer devant le Corps législatif, et faisait de cette séparation des actions une des bases fondamentales de notre nouvelle justice criminelle (1). Ce progrès, il est vrai, n'est point né d'un seul jet; ce n'est point un monument subitement élevé sur un sol nu, il n'est pas la création exclusive de notre siècle ni la propriété du législateur qui l'a consacré, et nous avons vu, dans la partie historique de cette étude, par quelle succession de timides essais, de difficiles épreuves, de patientes applications, il avait, sous notre législation ancienne, surgi des intérêts divers qui agitent la société. Mais c'est le mérite des rédacteurs du code d'avoir suivi le mouvement des idées, d'avoir emprunté ce germe fécond à la sagesse de l'époque qui avait précédé, de l'avoir mis en œuvre, de l'avoir approprié à nos institutions modernes en l'accordant avec nos lois, avec nos mœurs, avec notre constitution politique. La législation marche ainsi en avant chargée de

(1) Locré, t. XXV, p. 248. Séance du 18 septembre. Rapport par M. d'Haubersaert, président de la commission de législation.

l'expérience des siècles; pourquoi répudierait-elle, en effet, le riche héritage de leurs travaux et de leurs conquêtes?

Il nous faut maintenant nous demander s'il n'y pas d'exception au principe de l'indépendance des deux actions, ou, d'une manière plus précise et pour nous contenir dans les limites tracées à notre étude, si l'action civile qui, comme nous venons de le dire à un point de vue général, se meut librement dans une sphère distincte de l'action publique, ne sera pas quelquefois subordonnée à cette dernière (1); en un mot, si le législateur, appréciateur suprême des intérêts sociaux, n'aura pas, au nom de ces considérations puissantes d'ordre public ou de bonne administration de la justice, porté quelque atteinte à ses droits. Cette atteinte, il convient de l'observer tout d'abord, ne peut résulter que d'un texte précis de loi et ne peut se suppléer par analogie. C'est, au reste, l'application des règles du droit commun en matière d'exceptions.

Aux termes de l'art. 3 du Code d'inst. crimin., le juge civil, saisi de la demande de la partie qui se prétend lésée, est obligé, si l'action publique vient à être intentée dans le cours de l'instance civile, ou si elle l'avait été auparavant, de surseoir jusqu'à ce que le procès pénal ait été définitivement jugé.

(1) En sens inverse, on trouve des hypothèses où une atteinte réelle est portée par l'action civile à l'indépendance de l'action publique, l'action civile réapparaissant alors avec ses anciennes prérogatives. Ce point étant en dehors de ce travail, nous nous contenterons de dire que ces hypothèses peuvent se ramener à deux principales : 1° Dans certains cas, l'exercice de l'action publique est subordonné à la plainte des parties lésées (adultère, crime d'enlèvement d'une mineure, puis surtout loi du 24 mai 1819 sur les délits de diffamation, d'injures ou d'offenses); 2° Dans certains cas, l'exercice de l'action publique est suspendu par des questions préjudicielles qui s'opposent, soit à la mise en mouvement, soit au jugement de l'action publique, tant qu'elles n'ont pas reçu une solution définitive devant les tribunaux civils (crime de suppression d'état en matière de filiation, art. 326 et 327 C. Nap. — Questions préjudicielles de propriété, art. 182 C. forestier).

On le voit, il y a ici une restriction formelle aux règles ci-dessus mentionnées d'après lesquelles les parties lésées devraient être libres de toute entrave et de toute condition dans l'exercice de leur droit à une réparation, puisque, dans l'espèce, le jugement criminel est un fait préjudiciel au jugement civil. Cette disposition applique un vieil adage bien connu de notre ancienne jurisprudence : « Le criminel tient le civil en « état.» Non-seulement elle révèle chez le législateur le désir de voir la même autorité trancher le procès pénal et le procès civil, mais encore elle se lie à l'ordre des juridictions (1) et a surtout pour but d'éviter que les deux tribunaux, jugeant à l'insu l'un de l'autre, ne soient entraînés à des sentences contradictoires.

Il importe, toutefois, de n'en pas exagérer la portée. L'action civile ne se trouve dépendante de l'action publique, sa suspension ne doit être prononcée que dans le cas où : 1° les deux actions sont relatives au même fait; 2° l'action publique est déjà engagée.

Que la première condition du sursis soit l'identité du fait, cela paraît si évident que c'est à peine si l'on comprend la discussion sur ce point. Cependant la question a été sérieusement agitée devant la Cour de cassation, et sa jurisprudence nous offre plusieurs consécrations du principe. Ainsi, un arrêt du 5 janvier 1822 a décidé que des poursuites en faux témoignage dirigées par le ministère public contre des témoins qui ont déposé dans une enquête civile, ne peuvent pas autoriser à surseoir au jugement du procès qui a donné lieu à cette enquête : « les deux actions naissant de faits différents. » Il s'est présenté un cas plus difficile : des adjudicataires, poursuivis par l'administration forestière comme civilement responsables des malversations commises dans leur coupe, demandaient qu'il fût sursis au jugement de cette action, parce que les mêmes

(1) Cass., 7 mai 1851 (Sirey, 1851, 1, 434).

malversations donnaient lieu à des poursuites criminelles contre les agents de l'administration ; la Cour de cassation écarta leur prétention par un arrêt ainsi conçu : « La Cour, « attendu que les adjudicataires ne sont pas personnellement « traduits en justice criminelle, rejette (1). » Cette décision, au fond, nous semble dans le vrai ; mais l'insuffisance du considérant sur lequel elle repose n'échappera à aucun esprit attentif, et c'est ainsi qu'on expliquera peut-être comment elle a soulevé la critique des arrêtistes. Il aurait fallu établir, dans l'espèce, qu'il n'y avait pas lieu de surseoir, parce qu'il n'y avait pas identité de faits dans les deux instances, sans examiner s'il y avait oui ou non identité de personnes ; car le sursis doit être prononcé dès que le même fait est la base des deux actions, lors même qu'elles ne seraient pas dirigées contre les mêmes défendeurs. C'est ce qu'a d'ailleurs jugé la cour de Paris (2), dont l'arrêt élargit les voies ouvertes par la décision précédente en écartant les biais intermédiaires.

La deuxième condition de la suspension de l'action civile est que l'action publique soit réellement engagée. Pour que cette action soit considérée comme engagée, pour que le tribunal civil soit dans l'obligation de surseoir, il suffit que le ministère public ait donné son réquisitoire au juge d'instruction afin d'informer ; peu importe que le juge d'instruction ait ou n'ait pas décerné un mandat contre l'inculpé ; sur ce réquisitoire, l'action publique est mise en mouvement et le vœu du Code d'instruction criminelle est rempli. La jurisprudence, depuis longtemps, s'est fixée dans ce sens (3).

On s'est demandé ce qui arriverait, dans une hypothèse parfaitement possible, où la suspension que nous venons d'étudier combinée avec celle concernant la démence du prévenu, créérait, pour la partie qui se prétend lésée, une situation assuré-

(1) Cass., 7 janvier 1843.
(2) Paris, 2 juin 1831. (Dev. et Carrette, 1831, 2e série, p. 276).
(3) Cass., 10 novembre 1812 (*J. du Pal.*, t. X, p. 811).

ment délicate et propre à étonner. Une vérité de raison, un de ces principes supérieurs fondés sur la notion générale du droit, qui n'ont pas même besoin d'un texte écrit pour dominer et devoir être observés, c'est la suspension de l'action publique par l'aliénation mentale de la personne poursuivie. Qu'on suppose donc, et cette première condition de notre hypothèse s'est déjà rencontrée (1), une démence subite frappant l'accusé dans le cours de débats criminels; la procédure s'arrête, et, par conséquent, s'il y a une partie civile, cette partie civile ne peut plus suivre sa demande devant la juridiction pénale ; mais, devant la juridiction civile, elle ne le pourra pas davantage, puisque là le sursis est également de plein droit jusqu'à l'issue du procès criminel. Sans doute, cette combinaison est de nature à se produire rarement dans la pratique ; cependant, en présence de sa réalisation prévue, nous ne croyons pas qu'il y aurait lieu de faire à des intérêts purement pécuniaires et privés le sacrifice des règles fondamentales du droit : c'est dire que, selon nous, la partie lésée devrait être considérée jusqu'à la mort, ou, du moins, jusqu'à la guérison du prévenu en démence, comme étant dans l'impossibilité de faire vérifier judiciairement sa prétention.

En dehors de l'exception apportée au principe de l'indépendance de l'action civile par l'art. 3 du Code d'instruction criminelle, dont nous venons d'achever l'étude, la preuve de cette indépendance se trouve dans plusieurs dispositions de notre législation. Ainsi, aux termes de l'art. 2 du même code, le décès du prévenu, qui fait tomber l'action publique en lui enlevant le coupable, et détruit l'accusation par l'impossibilité de la défense, laisse entiers les droits de l'action civile. Ainsi, d'après l'art. 29 de la loi du 26 mai 1819, la prescription de l'action civile, résultant d'un délit commis par la voie de la

(1) Cass., 25 janvier 1839 et *Journal du droit criminel*, année 1839, n° 2314.

presse, se prolonge pendant trois ans, tandis que la prescription de l'action publique n'est que de six mois. Ainsi l'amnistie, en mettant dans l'oubli la criminalité des faits auxquels elle s'applique et en éteignant, par conséquent, l'action publique, ne porte et ne peut porter aucun préjudice aux droits des parties lésées (1). Il résulte de ces diverses dispositions que l'action civile peut subsister et se produire après l'épuisement ou l'extinction de l'action publique. Son indépendance est donc évidente, et il serait superflu d'insister sur ce point (2).

TROISIÈME SECTION.

CAUSES D'EXTINCTION DE L'ACTION CIVILE.

L'action civile a des causes d'extinction spéciales, qui dérivent du droit de disposition que nous avons reconnu à la partie lésée. Propriétaire de son droit d'action en réparation, la partie lésée peut en faire remise soit gratuitement, soit par transaction, sans, bien entendu, que cette remise ou cette transaction, cela va de soi, puisse nuire au fonctionnement de la justice répressive, ni affecter en rien l'existence du droit de punir, qui appartient à la société (art. 4, Code d'inst. crim.) (3).

(1) M. Legraverend (t. II, p. 766) enseigne le contraire en se fondant sur ce que les actions privées perpétueraient des souvenirs, entretiendraient des haines que le Souverain a voulu effacer. Cette opinion n'a trouvé crédit ni dans la doctrine, ni dans la jurisprudence. Nous ne croyons pas, d'ailleurs, que des particuliers, en exerçant leurs droits, fassent renaître un danger qui ne résulte que de l'application des peines.

(2) M. Faustin-Hélie, *Traité de l'Inst. crim.*, t. II, p. 456.

(3) Ce principe n'est cependant pas absolu : des exceptions se pré-

L'action civile a aussi des causes d'extinction qui lui sont communes avec l'action publique; ces causes, sans contredit les plus importantes, sont : 1° La prescription ; 2° La chose jugée. Elles vont nous occuper quelque temps.

PRESCRIPTION.

Dans le système romain, l'action civile survivait à l'accusation, et pouvait encore être exercée quoique le crime fût éteint; Ulpien, dans une loi connue, en donne le motif : « *nam est constitutum turpia lucra heredibus quoque* « *extorqueri, licet crimina extinguantur* (1). »

Contrairement à ce principe, enseigné par un grand nombre de nos anciens criminalistes et admis par la plupart de nos parlements de France, notre Code d'instruction criminelle, suivant en cela les errements du Code de brumaire an IV, a associé, quant à la prescription, le sort de l'action civile à celui de l'action publique. Le texte des art. 2, 637, 638 et 640 est trop formel pour qu'on puisse en mettre en doute la signification : la prescription, pour l'une et pour l'autre de ces actions, est désormais la même. Sans rechercher la valeur scientifique des considérations qui paraissent avoir dominé dans l'esprit de ceux qui ont introduit ou préconisé cette unité de prescription, nous dirons que pareille assimilation entre deux droits si distincts et nés de lésions si diverses amène dans la pratique, par cette raison même, c'est-à-dire par l'inflexible logique des choses, d'étranges conséquences et de nombreuses difficultés.

Des conséquences étranges ! Qu'un homme, en effet, par son fait, mais en dehors des incriminations de la loi pénale, cause

senteront dans les cas particuliers où l'action publique est subordonnée à l'initiative de la partie lésée.

(1) Ulp. Dig., liv. VII, *De Calumniatoribus.*

un incendie qui dévore ma maison, j'ai, pour réclamer l'indemnité due à mes intérêts civils compromis, le long espace de trente ans qui est la règle générale pour toutes les actions (art. 2262, C. Nap.). Qu'au contraire, cet homme, au mépris de la loi civile et de la loi pénale, y mette le feu criminellement, je n'ai que dix ans. Qu'il l'y mette par une de ces fautes énumérées dans l'art. 458 du Code pénal, et tombant sous la juridiction correctionnelle, je n'ai que trois ans.

De nombreuses difficultés! et, avant tout, un dissentiment profond, soit entre les auteurs, soit même entre les tribunaux, s'est élevé sur la question de savoir si la prescription établie par le Code d'instruction criminelle doit être appliquée à l'action civile pour les cas où la partie lésée porterait son action, non pas devant la juridiction répressive concurremment avec l'action pénale, mais devant la juridiction civile. Le système de la négative a eu longtemps pour lui l'imposante autorité de la Cour de cassation, et cette autorité avait entraîné sous son drapeau plus d'un docile jurisconsulte (1). On invoque en faveur de cette opinion les principes du Code Napoléon : puisque, devant les tribunaux civils, il n'est pas question de crime ou de délit dans la demande, puisqu'elle a uniquement pour objet la réparation d'un dommage causé, c'est la prescription du droit civil qui est applicable, de même qu'il est de principe que les modes spéciaux de procédure ne se transportent pas d'une juridiction à l'autre. Étrange d'ailleurs serait le privilége qui garantirait, à l'obligé civilement par l'effet d'un crime, une prescription trois fois plus courte, trois fois plus favorable qu'à l'obligé civilement par l'effet d'un contrat. Enfin est-il possible d'admettre que, lorsque ni le ministère public, ni la partie lésée n'ont soulevé la question pénale de crime, de délit ou de contravention, que les tribunaux de répres-

(1) Bourguignon, Jurisp. du Code crim., t. II, p. 539. — Carnot, C. pén., t. I, n° 52.

sion n'ont pas été saisis, celui contre qui une action purement civile est dirigée soit recevable à alléguer que le fait qui sert de principe à l'action constitue un crime, un délit, une contravention, pour se prévaloir d'une prescription qui l'incriminerait plus que le demandeur n'a voulu le faire ?

Quelque pressante que soit cette argumentation, elle est loin d'avoir réuni l'unanimité des suffrages, et, par un arrêt de la Cour de cassation du 5 août 1841, un revirement subit s'est opéré dans la jurisprudence qui, maintes fois depuis, et toujours aussi énergiquement, s'est prononcée pour l'affirmative (1). Nous croyons que ce changement est du nombre de

(1) Cass., 5 août 1841 (Sirey, 1841, 1, 753) : « Attendu qu'aux termes « des art. 2 et 637 Code d'inst. crim., l'action publique et l'action civile « résultant d'un crime se prescrivent par dix années révolues, à compter « du jour où le crime a été commis..... Attendu qu'il ne peut y avoir, « dès lors, nécessité de se livrer à un examen et à une discussion aux- « quels le Code d'inst. crim. a voulu mettre un terme, après dix ans « d'inaction et de silence..... » — Cass., 29 avril 1846 (Sirey, 1846, 1, 413). La question y est tranchée d'une manière encore plus explicite : « Attendu qu'aux termes des art. 2 et 640 C. inst. crim., l'action civile, « en réparation de dommage causé par une contravention de police, se « prescrit par un an, à compter du jour où elle a été commise, comme « l'action publique qui en résulte ; — Attendu qu'une action de cette « nature, quoique portée séparément devant la juridiction civile, n'a rien « perdu de son caractère primitif ; qu'ayant pour origine et pour base « une contravention de police, elle est nécessairement soumise à la « prescription spéciale établie par la loi pour cette contravention... » — Aj. Bordeaux, 31 juillet 1848 (Sirey, 1849, 2, 81). — Lyon, 4 avril 1851 Sirey, 1851, 2, 434). — Enfin, Cass., 14 mars 1853 : « Attendu que, « aux termes des art. 2, 637 et 638 C. inst. crim., l'action publique et « l'action civile résultant d'un crime ou d'un délit s'éteignent l'une et « l'autre par la même prescription ; que cette règle générale et de droit « commun s'applique à toute action qui a pour objet la réparation du « dommage causé par un crime ou un délit..... *Qu'il n'y a pas à* « *distinguer entre le cas où elle peut être demandée devant la justice* « *répressive, accessoirement à l'action publique, et le cas où elle se-* « *rait de la compétence exclusive des tribunaux civils..... »*

ceux qui marquent un notable progrès dans l'application de la loi. Rien de plus absolu, en effet, que les dispositions des art. 2, 637, 638 et 640, tout y est enveloppé dans la même prescription ; les restreindre à la seule hypothèse où l'action civile est portée devant les tribunaux répressifs, c'est leur enlever toute portée et toute signification; car assurément la loi criminelle n'aurait pas eu à s'occuper de la prescription de l'action civile, si cette prescription n'avait dû la frapper que devant la juridiction répressive, puisqu'elle n'y peut paraître qu'accessoirement à l'action publique. En dehors de la précision des textes, on répond encore au premier système par les motifs qui auraient porté le législateur moderne à déroger aux traditions autrefois consacrées en imposant aux deux actions la même prescription. Avec le temps, ce grand changeur, le souvenir du fait coupable s'en est allé, le besoin de l'exemple a disparu, le droit de punir n'existe donc plus. Laisser alors la partie civile maîtresse de soulever le procès en réparation, ce serait déranger toute l'économie de la loi, tantôt en donnant le scandaleux spectacle de l'impuissance de la justice en présence d'un criminel convaincu, tantôt en permettant à un spéculateur déterminé d'attendre patiemment et sûrement le dépérissement des moyens de défense pour venir ensuite, alors que l'incertitude s'est faite sur les circonstances qui ont accompagné le délit, arracher le défendeur à son repos en lui présentant une demande maintenant impossible à repousser. Les mêmes raisons qui s'opposent à l'exercice de l'action publique s'opposent donc à l'exercice de l'action civile : à tous les titres, il faut que l'oubli, dont la loi environne le fait, soit absolu.

Il nous faut préciser l'application de la règle. Cette assimilation de prescription ne doit pas être étendue au delà des termes auxquels il est impossible de se soustraire, et, par conséquent, au cas où la demande serait fondée sur un droit indépendant du délit, ou ayant au moins, soit une origine distincte, soit une nature spéciale. La distinction, sans doute, est quelquefois malaisée à apercevoir ; mais il importe beaucoup de ne pas confondre les deux situations juridiques. Ainsi, la Cour de cassation a jugé dans une espèce où une action civile, en répétition contre un fonctionnaire ayant exigé au delà de ce qui était dû à l'État, avait été dirigée, non dans le but de dénoncer un crime de concussion ou d'obtenir des dommages-intérêts en raison de ce crime, mais dans le seul but d'obtenir la somme que ce fonctionnaire avait perçue indûment, qu'une telle action devait être déclarée non atteinte par la prescription de dix ans, inapplicable dans ce cas (1). Ce sont là les vrais principes : en effet, l'action qu'intentait le demandeur, bien que née à l'occasion du délit, ne dérivait pas de ce délit, mais d'un titre étranger, du payement de l'indu ; c'était, selon l'expression consacrée dans le langage juridique de Rome, une *condictio indebiti*, à raison de laquelle il n'y avait pas de motif de restreindre la prescription du droit commun. La même règle a été mise peut-être encore plus en lumière par un arrêt récent de la cour d'Angers, statuant sur une hypothèse assez rare dans notre pratique judiciaire. Un locataire avait trouvé, dans la cour de la maison, un trésor considérable qu'il s'était approprié en entier au préjudice des droits accordés au propriétaire par l'art. 716 du Code Napoléon. Longtemps après, ce locataire, assigné en réparation du préjudice causé par sa soustraction frauduleuse, avait opposé à l'action purement civile du propriétaire la prescription de trois ans et fait triompher cette fin de non-recevoir devant les premiers juges ; mais, sur l'appel, la cour infirma la sentence, et son arrêt, appuyé sur les bases les plus solides, est fait pour pro-

____

(1) Cass., 6 juillet 1829. Dalloz, 1829, 1, 288. Voir aussi comme analogues un arrêt de la Cour de cassation, 23 janvier 1822 (Sirey, 1822, 1, 416), et un arrêt de la cour de Paris, 25 mars 1825 (Sirey, 1827, 2, 7).

duire en notre matière une vive impression (1). Vainement
le locataire se retranchait derrière la prescription du délit de
soustraction, puisque ce délit n'était pas le fondement de
l'action; que, loin de là, ce délit était, par sa nature même,
survenu postérieurement à la découverte du trésor, c'est-à-
dire à une époque où, par le fait préexistant de cette découverte, un lien de droit et une action corrélative à caractère
purement civil existaient déjà au profit du propriétaire, à une
époque où, par conséquent, il ne pouvait plus altérer la nature
première de cette action ni en réduire la durée.

Bien qu'assimilés quant au temps requis pour prescrire
contre eux, l'intérêt social et l'intérêt particulier ne sont pas
pour cela confondus, et les deux actions qui les représentent
n'en restent pas moins, conformément au principe général
déjà formulé, indépendantes l'une de l'autre. Il en résulte que
les actes d'instruction et de poursuite, faits sur l'action publique, n'ont aucun effet interruptif en ce qui concerne l'action
civile ; de même que, en sens inverse, l'action civile, lorsqu'elle
ne met pas en mouvement l'action publique, n'affecte pas le
cours de la prescription pénale. L'esprit de la loi, à cet égard,
est clairement révélé dans l'art. 642 du Code d'instruction criminelle, qui, pour proroger les droits de la partie lésée et les
placer sous l'application des principes ordinaires du Code
Napoléon, exige, non pas une simple condamnation pénale,
mais une condamnation pénale ayant prononcé en même

(1) Angers, 15 juillet 1851 (Sirey, 1851, 2, 491).
« Attendu que le locataire d'une maison qui y trouve un trésor et
« le recueille..... contracte par là, envers le propriétaire, l'obligation de
« lui remettre la moitié qui lui appartient.....; — Que si, plus tard, le
« locataire a la mauvaise foi de nier qu'il ait trouvé le trésor, *le droit*
« *du propriétaire à en réclamer sa part ne dérive pas de cette dénéga-*
« *tion, mais du fait préexistant de la découverte*, et il serait contre
« toute raison que celui qui aurait commis un délit, pût s'en faire un
« moyen de réduire au bref délai de trois ans la prescription de l'action
« de la partie au préjudice de laquelle il aurait été pratiqué... »

temps sur la réparation civile. Ainsi, au point de vue du délai ouvert à l'exercice des intérêts privés, peu importe que, par exemple, dans l'intervalle de dix ans écoulés, en supposant un crime, le procès pénal ait reçu une solution par le châtiment du coupable, si la question de réparation est restée tout à fait étrangère à ce qui a été statué. On a dit cependant et on a jugé (1) que la révélation étant faite, l'intérêt social de la répression satisfait, le scandale évité, la preuve du crime irrévocablement acquise, on ne se trouvait plus ni dans les termes de l'art. 637, ni dans les motifs de sa prescription décennale. Cette opinion, manifestement contraire au texte même qu'elle invoque, n'a jamais rencontré qu'un petit nombre de partisans.

Toutefois il faut remarquer que, si l'action publique a abouti à une déclaration de non-culpabilité, comme il est désormais établi que le prévenu n'a commis ni crime, ni délit, que la demande, par suite, est toute civile, aussi bien dans le but vers lequel elle tend que dans le fait d'où elle découle, il n'y aura plus lieu désormais à la prescription spéciale des art. 2, 637, 638 et 640 du Code d'instruction criminelle, mais à la prescription de droit commun, applicable aussi aux faits dommageables de l'homme, et déposée dans l'art. 2262 du Code Napoléon. Cela tient à des principes auxquels nous arrivons, à l'autorité de la chose jugée.

CHOSE JUGÉE.

Il semble que la conséquence logique à tirer de l'indépendance de l'action publique et de l'action civile, soit que ce qui est jugé relativement à l'une des actions, ne doit préjuger rien sur ce qui doit être décidé relativement à l'autre.

Cette conséquence logique est acceptée pour vérité géné-

(1) Caen, 8 janvier 1827 (C. R., 7, 316). — Nîmes, 27 mars 1833 (Sirey, 1833, 2, 243).

rale, lorsqu'il s'agit d'apprécier l'influence des jugements rendus au civil sur le criminel. Il n'y a d'exception qu'en ce qui
concerne les jugements civils sur les questions préjudicielles.

Faut-il également poser la règle que la chose jugée au criminel est sans influence sur l'action civile? La question par-
tage les auteurs, et la controverse commencée entre Merlin et
Toullier dure encore; chacun sait le retentissement qu'elle
vient d'avoir à l'occasion d'un procès dont l'opinion s'est émue.
Au milieu de la lutte juridique à laquelle elle donne lieu, les
arguments se croisent, les objections se pressent vives, em-
barrassantes : on se croirait en présence d'un de ces problèmes
complexes dont on ne peut se tirer qu'en froissant quelque
principe.

Nous prenons pour thèse qu'il est vrai, non-seulement en
vertu des dispositions particulières de nos codes, mais vrai en
vertu de la raison générale du droit, qu'autre chose est la responsabilité au point de vue pénal, autre chose la responsabilité au point de vue civil; et pour démontrer l'exactitude de
cette assertion qui ne dépend pas d'un texte de loi ou des institutions de tel ou tel peuple, mais qui sera juste de tout
temps et en tout pays, nous n'avons qu'à mettre en avant des
principes déjà connus et à faire appel, non pas tant au savoir
de ceux qui ont étudié les formules de la loi, qu'au bon sens
vulgaire et à la conscience intime de chacun. Dans les deux
comptes ouverts à une action injuste, c'est-à-dire accomplie
sans droit, dans le compte de la réparation et dans le compte
de la punition, les éléments de la mesure diffèrent, nous le savons, et doivent différer du tout au tout. Tandis que le moindre
manquement au devoir suffit, contre celui qui en est l'auteur,
pour engager sa responsabilité pécuniaire; il faut une faute
d'une toute autre gravité pour motiver contre lui l'application
d'une peine. Tandis que, d'une part, l'action publique n'est pas
fondée, quelque préjudiciable et fautif que soit le fait, si ce
fait ne contient pas violation d'un texte de loi pénale; d'autre

part, l'action civile n'est pas fondée, quelque violation d'un texte de loi pénale que contienne le fait, si aucun préjudice ne s'y rencontre. Que s'il y a ainsi disparité dans la cause justificative des deux actions, que si le problème à résoudre n'est pas le même, que si, sans parler de la diversité des preuves, les conséquences à tirer, bien que nées d'un même acte, sont indépendantes et quelquefois opposées, les solutions peuvent être différentes, sans être pour cela contradictoires. Non, la déclaration de culpabilité n'entraîne pas forcément des dommages-intérêts, parce que le fait imputé à l'accusé peut être criminel sans être dommageable; non, la déclaration de non-culpabilité n'exclut pas les dommages-intérêts, parce que le fait peut être dommageable sans être criminel. Mettez l'homme, lorsqu'il s'agit de le punir, en regard de la criminalité de son acte pour y proportionner la peine; mettez l'homme, lorsqu'il s'agit de faire entrer à son compte une responsabilité civile, en regard du préjudice occasionné pour y proportionner la réparation. Enfin, gardons-nous de nous laisser illusionner par ce mot commun de culpabilité, qui, selon qu'il est pris dans l'acception du droit pénal ou dans l'acception du droit civil, cache, sous un son identique, des idées toutes différentes. Nous insistons sur cette donnée, et nous la signalons avec recommandation, parce que, toute fondée qu'elle soit en vérité de fait et en raison de droit, elle a été tellement étouffée au milieu du bruit qui s'est fait récemment contre elle, qu'il a fallu pour l'affirmer une certaine fermeté et encore plus de résistance à l'entraînement de l'opinion publique.

Il résulte de ces observations générales qu'aucune des conditions fondamentales de l'autorité de la chose jugée, si l'on s'en tient aux règles ordinaires, n'existe d'une action à l'autre: aussi est-il reconnu par la majorité des juristes qu'il y a, dans cette question, plus de difficultés sur l'application que sur les principes.

Il suffit, en effet, de quelques points de rencontre possibles
pour susciter des questions d'un ordre supérieur qui touchent
à la compétence et aux droits des juridictions pénale ou civile,
et dont la plus délicate, assurément, est celle de savoir si on
laissera ces juridictions complétement indépendantes l'une de
l'autre, ou si l'on ne subordonnera pas la juridiction civile, relativement à ces points communs, et dans quelle limite se fera
cette subordination. S'il est possible, en pure théorie, d'admettre qu'il y a toujours, au-dessous de la culpabilité pénale
écartée par le juge pénal, la place pour une responsabilité civile que le juge civil peut constater; que l'infraction la moins
grave, celle même qui ne suppose pas l'intention de nuire,
laisse encore à un degré inférieur une faute dommageable,
qu'ainsi tout verdict, quoique négatif au point de vue de la
répression, peut être suivi d'une condamnation à des dommages-intérêts; pratiquement, cela n'est pas toujours juste en
fait et dans chaque espèce. L'action publique ne repose pas
toujours, en effet, sur des agissements complexes et successifs;
quelquefois elle ne relève qu'un seul fait, indivisible en lui-
même, et, par suite, ne permettant pas l'appréciation séparée de
l'un de ses éléments, de sorte qu'alors exclure la participation
criminelle de l'agent à l'infraction qui lui est imputée, c'est
aussi exclure sa participation matérielle. Lorsque la question
se pose ainsi, elle s'élève en dehors et au-dessus des considérations ordinaires touchant l'autorité de la chose jugée dans
un même ordre de juridiction. C'est une question d'organisation judiciaire et de règlement de compétence entre des
juridictions diverses.

En matières correctionnelle et de simple police, la situation
est, en général, assez simple. Comme le jugement qui pro-
nonce l'acquittement est motivé, il est facile d'y voir si l'acquittement résulte ou de ce que le fait matériel du délit ou
de la contravention n'existe pas, ou bien de ce que le prévenu n'en est pas l'auteur, ou bien de ce que les éléments

d'imputabilité pénale ne se rencontrent pas, le fait, par exemple, existant, mais étant en dehors des prévisions de la loi répressive. Dans les deux premières hypothèses, les conclusions de la partie civile devront être rejetées; dans la troisième, rien ne s'opposera à ce que le tribunal ou la cour d'appel, juge civil, prenne, dans ce fait matériel que l'acquittement a laissé subsister, dans ce fait qui, bien que ne constituant pas une infraction punissable, a pu cependant occasionner injustement un préjudice, les éléments d'un délit ou d'un quasi-délit civils, à l'égard desquels, nous le savons, la moindre faute, si minime qu'elle ait pu être, emporte obligation. D'après ce système mixte, qui a pour lui maintenant l'autorité de la Cour de cassation (1), et qui a su faire abandonner ce que les doctrines adverses de Toullier et de Merlin avaient de trop absolu, l'influence du criminel sur le civil est régie, pour les faits tombant sous les juridictions correctionnelle et de simple police, par des règles précises, nous dirions presque infaillibles.

En cour d'assises, la question est bien autrement délicate. Nos jurés ne reçoivent pas, comme les jurés de la république romaine, trois boules portant, l'une la lettre A, j'acquitte, l'autre la lettre C, je condamne, et la troisième les lettres N L, je doute. Ils n'ont plus, comme sous les codes des 16-29 septembre 1791 (2) et 3 brumaire an IV (3), à décomposer ou expliquer leur vote en répondant séparément à chacune des trois questions relatives au fait, à l'auteur, à l'intention criminelle. Leur décision implique encore, il est vrai, cette triple appréciation qui résume les conditions nécessaires pour que l'agent soit criminellement responsable;

(1) Cass., 7 mars 1855 (Sirey, 1855, 1, 439). — 2 décembre 1861 (*id.*, 1862, 1, 128).

(2) Loi des 16-29 septembre 1791, IIe partie, tit. VII, art. 19, 20 et 21.

(3) Code du 3 brumaire an IV, art. 374, 377, 388 à 393.

mais leur réponse laconique ne la relate que d'une façon générale en en mentionnant seulement le résultat final au point
de vue de l'action publique : « Oui, l'accusé est coupable;
« Non, l'accusé n'est pas coupable. »

Sans rechercher si ce système nouveau de déclaration uni-
que sur les trois éléments réunis de la culpabilité, mode de
procéder qui, introduit dans notre législation, d'abord à titre
exceptionnel, par la loi du 12 ventôse an VIII, fut ensuite gé-
néralisé par l'art. 637 du Code d'instruction criminelle, dans
le but de prévenir l'abus que les jurés faisaient de la question
intentionnelle, est préférable au système précédent de répon-
ses spéciales et séparées; toujours est-il qu'au point de vue
particulier qui nous occupe, il a rendu difficiles à définir l'autorité et la portée du verdict en jetant l'incertitude sur la
signification qu'il peut avoir.

Deux hypothèses se présentent. La première, celle où
le verdict est affirmatif sur le problème complexe qu'il
avait à trancher, ne doit être que mentionnée. Les trois
questions sont, implicitement au moins, toutes résolues
contre l'accusé qui ne peut plus les soulever devant aucune juridiction. La cour, de son côté, ne peut remettre en
doute aucun des faits affirmés par la déclaration du jury,
ni contredire aucun de ses résultats; elle n'a plus, statuant
sur les conclusions de la partie civile, qu'à rechercher si le
fait, dont l'accusé est reconnu criminellement responsable, a
causé ou n'a pas causé un préjudice. De là l'art. 363 du Code
d'instruction criminelle.

Nous arrivons à la seconde hypothèse, celle où le verdict
est négatif, et en cherchant à fixer la limite dans laquelle il
doit être regardé comme ayant autorité de chose jugée relativement aux droits de la partie civile, nous touchons au point
infiniment délicat de cette étude. Le jury a-t-il voulu, par sa
déclaration : « l'accusé n'est pas coupable, » dire que le fait
n'a pas existé? ou bien que l'accusé n'en est pas l'auteur? ou

bien seulement que l'élément intentionnel ne s'est pas rencontré à un degré suffisant pour motiver l'application d'une peine? Nul ne le sait, nul ne le peut savoir. La loi, en effet, n'a donné à personne le droit de lever le voile qui couvre les motifs par lesquels les jurés se sont décidés; elle-même se met à l'écart : elle prend soin de dire solennellement qu'elle ne leur demande pas compte des éléments de leur conviction (art. 342, Cod. d'inst. crim.). Ainsi, ce qui est jugé et irrévocablement jugé, c'est seulement que l'accusé n'est pas coupable pénalement, non coupable pour l'application d'une peine : affirmer que le verdict dit davantage, c'est faire dire au jury ce qu'il n'a pas dit, ce qu'il n'a pas mission de dire.

L'autorité du verdict négatif peut maintenant se préciser. D'abord, et en premier lieu, au point de vue de l'action publique, elle est souveraine, elle constitue la chose jugée : il est décidé que le fait, en ce qui concerne l'accusé, n'est pas un crime ; voilà ce que toutes les autorités politiques, civiles ou administratives sont tenues désormais de recevoir et de respecter comme vérité ; nul ne peut, sans excès de pouvoir, s'élever en contradicteur de la décision pénale quant à la culpabilité ou à la non-culpabilité déclarée. Ainsi, à ce premier point de vue, le verdict du jury protége l'accusé contre toute imputation criminelle ultérieure.

En second lieu, au point de vue de l'action civile, il est loin d'avoir la même étendue : sans doute, nous l'avons dit, la cour ne peut restituer au fait aucun des caractères qui lui ont été déniés par la déclaration du jury, en affirmant un élément quelconque de criminalité, élément exclu ou détruit; mais, appelée à vérifier la demande de la partie civile, elle peut, elle doit rechercher dans sa conscience si le non-coupable pénalement est l'auteur d'un fait matériel lésant un intérêt privé. Ainsi la question matérielle du fait, la question de la participation de l'agent à ce fait, la question de l'existence d'un dommage, la question de la faute civile se présentent entières pour le second compte à faire, celui de la réparation. Ou donnez les deux jugements à la même juridiction ou laissez chaque juridiction obéir au commandement de sa conscience et se prononcer suivant ce qu'elle estime juste : encore n'y eût-il qu'une seule juridiction, elle ne serait pas en contradiction avec elle-même en acquittant quant à la peine et condamnant quant à la réparation. Voilà le principe, du moins telle est notre profonde conviction.

C'est maintenant le moment de préciser l'application de cette règle si exacte en thèse générale. Ses conséquences sont marquées rigoureusement, en règle abstraite, par la science : mais, pas plus en droit qu'en morale, les formules abstraites n'ont, dans les faits, leur complète réalisation. Il y a des cas exceptionnels, nous le savons, où l'accusation ne saisit qu'un seul fait dont les circonstances, les actes intentionnels d'exécution, se confondent avec les actes matériels, et constituent un ensemble conçu et accompli dans une même pensée, tendant vers un même but, et qu'il faut imputer ou rejeter en entier. Supposons, en pareille hypothèse, que le jury ait déclaré l'accusé non coupable, quel est l'effet de cette déclaration ? N'exclut-elle pas l'existence même des faits, la perpétration des violences, ou tout au moins une participation quelconque de l'accusé à ces actes de violences ? On le voit, si, dans la plupart des accusations, il est possible de séparer le fait matériel de ses éléments de criminalité et de le maintenir comme fait dommageable, quand cette criminalité est écartée, cette scission ne saurait toujours être admise, et une étude attentive nous montrerait qu'il en est ainsi surtout en matière de tentatives.

Ces deux idées ne se contredisent pas, mais elles se limitent : abandonner l'une aux empiètements de l'autre, ce serait jeter la perturbation dans nos principes actuels de compétence.

Nous ne relèverons pas tous les monuments de la jurisprudence; mais, après les avoir vérifiés avec un soin scrupuleux, nous n'hésiterons pas à dire que la théorie qui vient d'être développée a reçu la sanction de la Cour suprême. Il résulte de ses arrêts, si nombreux en cette matière délicate, que, toutes les fois que la déclaration du jury a laissé subsister les faits matériels et que l'action civile a trouvé un appui dans ces faits, elle a maintenu l'allocation des dommages-intérêts. C'est par application de ce principe qu'elle a décidé qu'une cour d'assises ne viole pas la loi en condamnant l'accusé à des dommages-intérêts, malgré l'acquittement : 1° au cas de coups et blessures ayant occasionné une incapacité de travail de plus de vingt jours (1); 2° au cas d'homicide volontaire (2); 3° au cas de diffamation par la voie de la presse (3); 4° au cas de vol domestique (4); 5° au cas d'attentat à la pudeur (5); 6° au cas de soustraction frauduleuse (6); 7° au cas de recel (7); 8° au cas d'avortement (8). Rappeler tous les arrêts rendus dans ce sens serait superflu.

Toutes les fois, au contraire, que, soit par les caractères mêmes du fait imputé, soit par les circonstances dans lesquelles il se présentait, elle a vu une contradiction entre la décision du jury, qui niait la culpabilité, et celle de la cour, qui déclarait la responsabilité civile, elle a maintenu ferme-

---

(1) 22 juillet 1813 ; Sirey, Coll. nouv., t. IV, 1, 400.

(2) 11 octobre 1817; Sirey, Coll. nouv., t. V, 1, 376.—26 mars 1818; *id.*, Coll. nouv., t. V, 1, 454.— 29 juin 1827; *id.*, Coll. nouv., t. VIII, 1, 628.

(3) 27 février 1835 ; Sirey, 1835, 1, 453. — 23 février 1837; *id.*, 1837, 1, 628. — 5 avril 1839; *id.*, 1839, 1, 629.

(4) 25 novembre 1831; Sirey, 1832, 1, 684. — Voir aussi Cour d'assises de la Seine, audiences des 3 et 8 février 1865. *Droit* du 11 février.

(5) 5 mai 1832; Sirey, 1832, 1, 330. — 16 novembre 1846; *id.*, 1847, 1, 41.

(6) 24 mars 1855; Sirey, 1855, 2, 391.

(7) 27 novembre 1857 ; Sirey, 1858, 1, 558.

(8) 31 janvier 1859; Sirey, 1860, 1, 747.

ment l'autorité de la chose jugée au criminel, dans tous les points où elle s'étendait réellement, pensant que l'intérêt de la justice ne permettait pas de laisser subsister entre ses décisions une contrariété qui blesse la conscience générale et diminue le respect dû à la vérité judiciaire. Nous croyons ici devoir citer dans ce sens un arrêt qui mérite d'être remarqué. Un jury avait déclaré que les coups portés et les blessures faites par l'accusé l'avaient été dans la nécessité de sa légitime défense. Or, la légitime défense, on le sait, n'opère point en faisant seulement disparaître la criminalité : elle légitime l'acte, elle le rend juste, elle le rend honorable (1). On l'imputera à bien, on l'imputera à éloge à celui qui, mis en péril par une attaque subite, sans recours possible à la force sociale, qui n'est pas toujours présénte, aura eu le courage de repousser l'agresseur avec sa seule énergie, ses propres forces de résistance et de protection individuelles auxquelles il était réduit, donnant ainsi le beau spectacle d'une défense privée, sans passion, sans emportement, restant dans la limite légale et dans les conditions constitutives de son droit. Il suit de là que non-seulement il n'y a pas culpabilité pénale, mais il ne saurait non plus y avoir culpabilité civile. Loin de devoir des dommages-intérêts à l'adversaire que j'ai blessé en me défendant légitimement, j'aurai à lui en demander, si son injuste agression m'a causé quelque préjudice. Malgré ces principes, dans l'espèce mentionnée plus haut, la cour d'assises, après la déclaration du jury, avait, statuant sur l'action civile, repris les faits de l'accusation pour en faire la base d'une condamnation à des dommages-intérêts. Mais, sur le pourvoi, cette condamnation a été cassée : « Attendu que, pour qu'il y « ait lieu à des dommages-intérêts, il faut qu'il y ait faute ; « que la loi ne répute pas en faute celui qui ne fait que ce « qu'il a le droit de faire, à moins qu'il ne le fasse pour nuire

(1) Cicéron, *Oratio pro Milone.* C. 4.

4

« à autrui et sans intérêt pour lui-même ; que la défense de
« soi-même est de droit naturel ; qu'elle exclût tout crime et
« délit ; qu'étant autorisée par la loi positive comme par la loi
« naturelle, elle exclut également toute faute ; qu'il ne peut
« donc en résulter une action en dommages-intérêts en faveur
« de celui qui l'a rendue nécessaire par son agression (1). »

Tel était, sur ces questions délicates, l'état de la jurisprudence quand fut rendu l'arrêt du 25 mars 1864, qui, après le
verdict négatif du jury des Bouches-du-Rhône, condamna
Armand à 20,000 francs de dommages-intérêts envers Mau-
rice Roux, partie civile. L'arrêt de la chambre criminelle, du
7 mai 1864, qui a cassé l'arrêt d'Aix, est-il conforme à la jurisprudence suivie jusqu'à ce jour par la Cour de cassation ?
Tout en pensant qu'il s'écarte peu de cet ordre d'idées, nous
devons cependant reconnaître qu'il consacre une innovation
dont nous comprenons ainsi la portée : jusqu'à présent, la
Cour suprême n'avait cassé que les arrêts qui, sortant du
cercle des conditions nécessaires à la responsabilité civile,
ajoutaient à la constatation de la faute civile des affirmations
téméraires et retenaient chez l'accusé soit une volonté de
nuire, soit une intention méchante, soit tout autre élément de
criminalité dont le jury avait fait table rase (2). L'opposition
alors était flagrante. Mais la Cour refusait de casser toutes les
fois qu'il était possible de concilier la décision de la question
civile et la décision de la question pénale. Aujourd'hui il
semble que la seule possibilité d'une contradiction, même non
établie, doive faire annuler l'arrêt. Il ne suffit plus à la cour
d'assises d'affirmer qu'elle n'entend pas se mettre en désaccord
avec la décision du jury, il faut encore que, dégageant la faute
d'où elle fait dériver la responsabilité civile, elle démontre
que les caractères de l'acte imputé, les circonstances, les té-

(1) Arr. du 19 décembre 1847 ; S-V. t. V, 1, 393. — Voir comme
analog. Cass., 1er août 1864 ; Sirey, 1864, 1, 393, 1re partie de l'arrêt.
(2) Voir entr. autr. Arrêt du 24 juin 1841 ; Sirey, 1841, 1, 791.

moignages cadrent avec cette affirmation. Envisagé à ce point de vue, l'arrêt récent de la Cour de cassation a une haute importance doctrinale, et semble pouvoir devenir comme le point de départ d'un certain revirement ou plutôt d'une inflexion dans la marche de la jurisprudence.

Nous avons ainsi achevé l'étude des principes qui, d'après nos lois modernes, régissent l'action civile. Nous avons dû, pour les connaître et pour les exposer, en rechercher les premiers germes à l'origine des sociétés, et là, nous les avons trouvés informes et grossiers, dominés par cet instinct subit qui porte la personne offensée à une réaction individuelle; puis, nous avons suivi leurs vicissitudes à travers les siècles, nous avons vu, à mesure que s'affirmait l'intérêt social de la répression, les droits des particuliers s'humaniser, se déterminer : la plainte ou l'accusation, substituée à la force ouverte, fut le grand symptôme de la civilisation; plus désormais de vengeance privée, de cette vengeance cruelle, inégale, arbitraire; l'idée transformée est devenue celle de la justice unie à la nécessité de la réparation ; et, après avoir signalé chaque conquête que l'expérience humaine était parvenue à lui assurer, nous l'avons étudiée dans le dernier état de notre législation. L'histoire nous avait révélé les longs efforts dont ces conquêtes sont le résultat, la théorie nous a enseigné les puissantes garanties qu'elles nous ont apportées. Enfin maintenant, s'il nous faut, avant de clore ce travail, nous élever à une vue d'ensemble et dire quelle est la valeur scientifique des dispositions que nous venons de commenter, nous ne dissimulerons pas que nous sommes dominé par l'idée que notre Code d'instruction criminelle, qui a recueilli et concilié dans leur application les éléments divers fournis par les régimes antérieurs, imprimé à tous une profonde unité, présente un développement équitable et régulier du droit naturel de réparation appliqué aux intérêts privés. Sans doute, la partie lésée n'a plus, dans nos institutions, ces priviléges excessifs qu'elle avait conservés même sous le système des accusations populaires de Rome, et qui livraient le plus souvent à sa discrétion le fonctionnement et les décrets de la justice pénale ; mais, si ses droits sont moins étendus, ils sont plus fortement protégés, plus efficacement garantis. Le grand éclat que l'éloquence a répandu sur les accusations anciennes n'a pu cacher à la postérité leur dangereuse influence et leurs funestes effets ; chacun sait que Rome, avide de ces procès, ne respecta pas toujours dans ses décisions judiciaires les règles d'une stricte justice. Elle aimait les luttes oratoires et les intrigues de la place publique ; et ici les formes de sa procédure, il faut bien l'avouer, se prêtaient plus à ses penchants qu'à l'impartiale satisfaction des intérêts lésés. Notre législateur, donnant à chaque intérêt son action, à chaque principe sa puissance et ses justes limites ; demandant conseil au passé, sans exclure aucune théorie, mais sans en adopter aucune ; conférant en certains cas à un jury le poids et la responsabilité de la question pénale, mais aux seuls magistrats toujours le poids et la responsabilité de la question civile, a renoué la chaîne des temps dans ce que l'expérience avait consacré de sage et de fécond, a suivi tout ensemble le mouvement des mœurs et des idées ; et, si quelques-unes de ses dispositions nous ont paru devoir exciter quelques critiques, nulle voix sérieuse ne s'est élevée pour accuser sa théorie générale sur le point qui vient de nous occuper, et sur les formes principales de la procédure que nous avons examinée.

PARIS. — IMP. Y. GOUPY ET Cⁱᵉ, RUE GARANCIÈRE, 5.

www.ingramcontent.com/pod-product-compliance
Lightning Source LLC
LaVergne TN
LVHW050035070726
842526LV00015B/1661